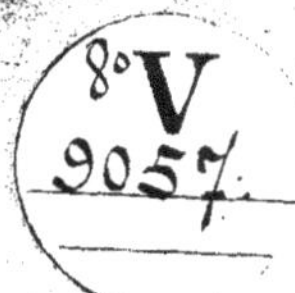

GABRIEL MARC

L'AUVERGNE AUX SALONS

DE 1895

EXTRAIT DE LA *REVUE D'AUVERGNE*

CLERMONT-FERRAND
TYPOGRAPHIE ET LITHOGRAPHIE G. MONT-LOUIS
2, RUE BARBANÇON, 2

1895

LES BEAUX-ARTS

EN AUVERGNE ET A PARIS

(1868-1889)

PAR

GABRIEL MARC

Sous ce titre : **LES BEAUX-ARTS EN AUVERGNE ET A PARIS (1868-1889)**, la librairie LEMERRE a publié un volume d'un caractère très particulier, qui forme la troisième partie de cette trilogie littéraire, inspirée par l'Auvergne, comprenant la Poésie : *POÈMES D'AU-VERGNE*, les Contes du pays natal : *LIAUDETTE*, et enfin la Critique d'art. L'Académie française et le public ont accueilli favorablement les deux premiers volumes. Nous pensons que le troisième sera lu avec intérêt, non-seulement par les admirateurs des paysages de montagnes, mais encore par ceux qui se préoccupent du mouvement artistique en général, et qui trouveront dans ce livre des études raisonnées sur les diverses écoles modernes et sur les principales œuvres exposées aux Salons parisiens.

Un volume in-18 jésus. — Prix : 3 fr. 50.

POÉSIES DE GABRIEL MARC

SOLEILS D'OCTOBRE.	LE PUY-DE-DOME.
LA GLOIRE DE LAMARTINE.	SONNETS PARISIENS.

POÈMES D'AUVERGNE (Mention honorable de l'Académie française.)

(CHARPENTIER, éd.)

THÉATRE

QUAND ON ATTEND ! Comédie jouée au Gymnase par M. Saint-Germain.

PROSE

LIAUDETTE. Contes du pays natal (Ouvrage couronné par l'Académie française.)

(CARPENTIER, éd.)

GABRIEL MARC

L'AUVERGNE AUX SALONS

DE 1895

EXTRAIT DE LA *REVUE D'AUVERGNE*

CLERMONT-FERRAND
TYPOGRAPHIE ET LITHOGRAPHIE G. MONT-LOUIS
2, RUE BARDANÇON, 2

1895

L'AUVERGNE AUX SALONS

DE 1895.

Les expositions se suivent sans interruption et, bien qu'elles se ressemblent assez, contrairement au proverbe, elles sont toujours fréquentées par la foule de plus en plus amie des arts, sinon plus apte à les apprécier qu'au temps où son indifférence et ses préjugés l'éloignaient des artistes et de leurs œuvres. Nous ne ferons que citer les expositions des aquarellistes, des pastellistes, des artistes modernes, des merveilleux portraits contemporains au musée Galliera, des œuvres de Corot au même musée, des photo-fusains de M. Gaston Plessy à l'hôtel Flaxland, des eaux-fortes de M. Henry Boutet, etc., et nous irons d'abord chercher quelques-uns de nos peintres aux petits Salons des Cercles de la rue Volney et de l'Union artistique.

M. Franc Lamy s'y fait remarquer chaque année. *Rêverie* est une gracieuse étude, et la charmante fantaisie : *Les fleurs passent,* suggère toutes les joies de l'amour printanier mêlées aux regrets des départs quelquefois sans retours. La jeune fille qui ouvre le treillage fleuri pour quitter la maisonnette cachée sous les branches, où elle vient de vivre près de l'aimé quelques jours, quelques heures peut-être, symbolise la brièveté de la jeunesse, du bonheur et de l'amour. Les fleurs passent, hélas! trop vite.

M. Serendat de Belzim est aussi, comme peintre, un habitué des Cercles. Son *Etoile du matin* est habilement personnifiée par une superbe femme, et le portrait du général baron Faverot de Kerbreck est excellent. Le *Bas percé* de M. José Frappa, qui n'a rien à faire avec la misère sordide et douloureuse, nous prépare à la vue de ces jolies toiles voluptueuses qu'il a prodiguées au Salon du Champ-de-Mars. M. Maurice Bompard, on le sait, interprète avec un réel talent les vues de Venise et d'Algérie. Il est aussi un bon portraitiste, ainsi qu'en témoigne la figure expressive de Mme Julia Depoix. Citons aussi le Séchoir à Vichy de M. de Mazade et les Petits griffons nivernais de M. le comte de Lastic. Quant aux envois de M. Denys Puech, plâtres, marbres ou terres-cuites, ce sont des merveilles.

* * *

L'Union des Femmes peintres et sculpteurs s'est manifestée dans sa quatorzième exposition, sous la présidence honoraire de Mme Léon Bertaux, l'éminente statuaire, qui a laissé la présidence effective à Mme Demont-Breton, nommée récemment chevalier de la Légion d'honneur, et qui rivalise avec son père, le maître illustre Jules Breton, dans des compositions pleines de talent et d'observation émue.

Ses œuvres ne sont pas seules à admirer, à l'exposition des femmes peintres. Bien d'autres y figuraient dignement, comme les marines de Mme Elodie La Villette et les miniatures délicieuses de Mme Camille Isbert. Mais nous nous arrêtons de préférence devant les paysages qui nous rapprochent de l'Auvergne. Un pastel de Mlle Yvonne Armelle nous conduit sur les bords de l'Allier ; Mme Cayron-Vasselon évoque les hameaux du Velay. Avec Mme Marie Drevet, nous suivons le cours de la Loire à Lavoûte et du Dolaison à Espaly, et Mme Espinos-Marcel nous présente les gorges de Malentrat-Villerest dans la Loire et la ferme de Mazolet sous la neige.

* * *

Les artistes indépendants, que nous avons retrouvés au Champ-de-Mars, au Palais des Arts libéraux, en sont à leur onzième année d'existence. M. Serendat de Belzim, trésorier du Comité, est sans contredit un des peintres les plus en vue de cette association un peu mêlée. Une dizaine d'œuvres y affirmaient, cette année, son talent varié et fécond : compositions idéales ou allégoriques, comme l'Etoile du matin, les Nuées, Néréide; fantaisies pleines de charme, comme Jeunesse, Rose, Nadia, ou d'humour, comme un gai compagnon; portraits de femmes délicats et gracieux, comme celui de miss B...; et portraits d'hommes ressemblants et expressifs, comme ceux de MM. Louis Macon et Charles Fuster. Ce dernier attirait particulièrement l'attention du public sur le jeune homme de talent, le poète de l'Ame des choses, le romancier de l'Amour de Jacques, le conférencier applaudi qui, par un labeur incessant, trouve le moyen d'écrire des vers, des articles de journaux, des romans, de faire des cours appréciés et de publier des anthologies.

Jean Desbrosses, le maître aimé dont le paysage d'Auvergne a obtenu un si grand succès au Salon des Champs-Elysées, n'a pas dédaigné les Indépendants. Cinq vues des Vosges y représentent la peinture forte et saine, procédant des traditions de Chintreuil, et rendent plus choquantes les tentatives de débutants, qui ont la prétention de s'affranchir de toute tradition. Ce n'est pas à ce groupe, qui a plus d'audace que de bonheur, qu'il convient de rattacher Mme Madeleine Saint-Héran. Ses études de paysannes du Bourbonnais révèlent une recherche patiente de la vérité, un pinceau consciencieux, encore indécis, mais dirigé par une volonté soutenue.

N'oublions pas de citer M. Edgar de La Croix, né à Riom, avec de jolis paysages pris à Garches et à Villeneuve-l'Etang, dans l'Allier et le Loiret, et tout spécialement le chemin du moulin Champeyroux dans le Puy-de-Dôme; de M. Jules Poinat, plusieurs vues prises dans la

Loire; de M. Louis Sabatier, né à Gannat, des études d'après nature et un souvenir d'Auvergne.

Jetons un regard ému sur les dernières toiles de M. Vital Guillot, d'Issoire, qui vient de mourir et notons le portrait officiel, avec écharpe et insignes, de M. Farjon, député et secrétaire de la Chambre, par M. Gustave Chevaillier.

***

Un grand nombre de journaux, parmi lesquels le *Figaro*, sous la signature de M. Henri Hamoise, ont parlé avec éloge de cette exposition d'un jour, faite à l'occasion du dîner de la Soupe-aux-Choux d'Auvergne.

M. Bardoux, qui avait déjà présidé, comme ancien ministre de l'Instruction publique, le premier des dîners offert aux artistes par cette association naissante, le 11 mai 1881, présidait encore au mois de mai de cette année, la réunion en l'honneur des artistes d'Auvergne, avec la même affabilité, la même verve spirituelle, la même jeunesse d'impressions et de souvenirs. Rien n'a donc manqué à cette fête de compatriotes, puisqu'un des nôtres, et des plus méritants, le ciseleur Diomède, a pu y être complimenté et acclamé, pour le ruban rouge qui orne maintenant sa poitrine, et qui, s'il n'est pas une sanction obligatoire du talent, sert au moins de prétexte aux oublieux et aux indifférents pour qu'ils aient l'air d'y prendre garde.

Voici les œuvres d'art qu'ont pu admirer les Auvergnats de Paris avant leurs frères d'Auvergne, à l'exposition de Clermont-Ferrand.

Saluons d'abord les dames peintres qui avaient confié aux soins du jeune et zélé secrétaire Ferdinand Beyne leurs toiles et leurs aquarelles. Les envois de Mlles Marie et Cécile Desliens étaient des plus importants. Leurs excellents portraits fixent l'attention, autant que leurs tableaux de genre, où la fantaisie spirituelle s'unit à la science profonde du métier. *Flair d'amateur*, c'est-à-dire un bon curé non dédaigneux d'un exquis fumet émanant du potager et le prouvant par son attitude et sa physionomie, est une de ces compositions dont le succès est assuré. Quant aux panneaux de fleurs des mêmes artistes, ce sont des merveilles de coloris, d'arrangement et de goût.

Voici les portraits habiles de Mme Bastide ; les aquarelles faites d'après nature et très réussies de Mlle Beyne, particulièrement la vue inspirée par les pittoresques sites de Thiers. Mlles Thérèse et Louise Morange avaient aussi une belle exposition : violettes, chrysanthèmes, fleurs sur velours, pastels, porcelaines éclosent sous leurs mains exercées, ce qui a permis au critique du *National* de dire d'elles qu'elles sont artistes dans toute l'acception du mot. On a remarqué aussi les fruits savoureux de Mlle Claire Peyssonneau et le portrait de Mlle Bernard.

Ces jolies choses ne doivent pas nous faire négliger les maîtres et les débutants, dont nous parlerons trop rapidement à notre gré et eu égard au mérite de leurs œuvres.

L'*Orage qui monte* de Schenck est un de ses plus beaux morceaux. On sent qu'il a vu et compris ces grandes scènes de montagnes, où les éléments se déchaînent avec furie, où les colorations ont des violences imprévues, et son émotion est communicative. On s'intéresse au sort de ces moutons affolés, menacés par la tempête, qui se serrent autour de la bergère et qui peut-être ne regagneront pas tous l'étable accoutumée.

Les paysages de Jean Desbrosses nous charment toujours. Ils émeuvent aussi, rien que par l'expression exacte des beautés naturelles, par les effets lumineux ou sombres, par le coloris harmonieusement combiné de l'air et du ciel.

Deux orientalistes se sont disputé le succès, avec leurs superbes études. M. Maurice Bompard nous a menés à

Venise. M. de Vergèses a évoqué l'Algérie. Si notre grand Prosper Marilhat, dont M. Retru a si exactement reproduit une Mosquée, pouvait regarder ces vues d'Orient, il applaudirait au talent de nos deux compatriotes.

Avec M. Serendat de Belzim nous abordons la peinture romanesque que le maître Ary Scheffer avait inaugurée avec tant de bonheur. *Mignon et Lothario* est une des scènes de l'Opéra tiré d'un épisode du Wilhelm Meister de Gœthe. La prière à Notre-Dame-d'Auray est une composition ravissante.

M. José Frappa est toujours varié et original dans la *Roussotte*, la *Dormeuse* et la *Femme au manteau bleu*. Une grande toile de M. Alphonse Cornet attire par son audace : c'est le Christ mystique et blanc, au nimbe lumineux, qui descend avec mansuétude l'escalier d'une église moderne et va consoler la foule des déshérités, des misérables, des loqueteux fin de siècle, qui l'implorent à genoux. M. de Mun dirait : « C'est là le vrai socialisme. »

Encore un apôtre, mais d'un autre genre, représenté par M. Assézat de Bouteyre, qui est toujours chercheur et original dans ses croquis de paysages et surtout dans son étude de danseurs forains destinés à la décoration d'un monument de la ville du Puy. Une bonne aquarelle de M. Bernard est inspirée par la cathédrale de Beauvais. Il faut noter un portrait de M. Frédéric Brun, une étude de M. Costilhes; une vieille Auvergnate de M. Grange ; une miniature très poussée d'un débutant d'avenir, M. Léo Huillard, que nous retrouverons au Salon des Champs-Elysées.

Nous avons revu avec plaisir les intéressantes aquarelles de M. Jaffeux, dont les sujets sont pris à Thiers ou aux environs. Les Thavarts, le Moutier, les bords de la Dore ont pour nous tout l'attrait des vieux souvenirs et des impressions de jeunesse. Le pont de Valvin et la Sainte-Geneviève nous font désirer que M. Lopigish vienne demander à l'Auvergne de nouvelles inspirations.

M. Retru, dont la belle toile du Salon sera signalée plus loin, s'est montré le rival de Guillemet et de Luigi Loir dans son étude exacte et attrayante du quai Notre-Dame. Quant aux tableaux de Franc Lamy, on les revoit avec la même attention admirative pour un art nouveau d'une émotion contenue, mais d'une science rare et subtile.

La Haine, une figure puissante, énergique et terrible, donne une excellente idée des dispositions de M. Fiat, lauréat de l'Ecole des Beaux-Arts. Un autre élève de l'Ecole, un tout jeune homme, M. Louis Monneret, né à Thiers, dès ses premiers essais de natures mortes, a fait prévoir un coloriste.

Citons encore les peintures de M. Guéniot, un portrait de M. Rivet. N'oublions pas M. Petit-Gérard avec ses tableaux militaires fort réussis et le salon de lecture du Bon-Marché d'une vérité frappante, ni M. Pierre Tullon avec sa forte étude d'aveugle, ni M. Paul Schmitt, avec ses superbes paysages.

La réduction en bronze du groupe de Mombur, *Baiser filial*, est connue de tous. C'est pour nous une œuvre classique. Nous n'insisterons pas non plus sur l'adorable tête de femme par M. Denys Puech, qui est un maître.

Signalons les envois d'un bon élève de Diomède, M. Descomps. Ses buste, médaillon et coupe en argent nous mènent à l'admirable œuvre ciselée de Diomède lui-même, qui nous a montré la tasse aux jolis sujets bachiques qui a servi, quelques jours après, au premier magistrat de la République, pour goûter nos excellents vins d'Auvergne.

Voici un sonnet dédié à notre grand ciseleur :

> Au flanc d'un vase grec, qu'il évoque Andromède,
> Sur un coffret sculpté, la Luxure et l'Orgueil,
> Ou les nymphes des bois, tristes, menant le deuil
> D'Adonis, ou les traits d'un nouvel Archimède ;

Qu'il cisèle une aiguière, avec un Ganymède
Courbé sur l'anse, ou bien, comme Morel Ladeuil,
Un bouclier gaulois à pendre à notre seuil,
On reconnaît toujours le maître, Diomède.

Comme jadis Florence admirait ses enfants,
L'Auvergne aime ses fils heureux et triomphants.
Elle garde en son cœur leurs noms et leur mémoire ;

Et la Postérité, dont l'orbe est infini,
Sans souci de l'époque, unira dans la gloire
Le nom de Diomède au nom de Cellini.

*
* *

Allons maintenant au Champ-de-Mars, à la Société nationale des Beaux-Arts, que Puvis de Chavannes non-seulement préside, mais orne de sa grande composition décorative destinée à l'escalier de la Bibliothèque de Boston, et qui représente, dans un ensemble symbolique, les Muses inspiratrices acclamant le Génie, messager de lumière. Avec des procédés tout différents, c'est-à-dire par la seule puissance de la réalité bien rendue et comprise, M. Lhermitte a composé un vrai chef-d'œuvre, en reproduisant un coin des Halles centrales, énorme toile qui doit servir à la décoration de l'Hôtel de Ville de Paris.

Mais, sans nous attarder, allons tout de suite à nos artistes d'Auvergne. Mlles Desliens, dont nous venons de parler, ont exposé un admirable portrait, celui d'un jeune explorateur, à la barbe brune, longue et soyeuse, à l'œil vif et doux, au teint bronzé par le soleil. Cette figure, où l'audace des entreprises périlleuses se mêle à la bonté et à l'intelligence, prouve une fois de plus le talent de ces deux sœurs, dont les portraits sont recherchés autant que leurs tableaux de genre.

Un autre peintre, au talent varié et élégant, c'est M. José Frappa. Ses portraits sont ravissants, entre autres celui d'une jeune femme entre une rose et un papillon, si jolie que le papillon a l'air de se tromper. M. Frappa n'oublie pas son pays natal et il évoque avec bonheur un coin de Saint-Etienne et les bords de la Loire. Il est encore spirituel et ironique dans la visite du Monsignor gras et opulent au bon moine en train de fabriquer des figurines pour décorer l'étable de Bethléem, et dans le repas de fête du monastère, où le frère servant porte avec une ostentation expressive le superbe plat de croquembouches dorés et succulents. Mais il se montre d'une audace tout à fait rabelaisienne dans sa grande toile intitulée : *Conte fol*. Bien fol, en effet, doit être le conte, bien égrillard et réjouissant, que débite, d'un air grivois, le fou de cour, au justaucorps bigarré, avec marotte et grelots, à l'oreille de la plantureuse nourrice qui rit à gorge déployée, c'est le mot ; car elle en oublie le marmot enveloppé dans ses langes, posé maintenant sur ses genoux, loin de la source abandonnée.

Il faut citer avec éloges les jolis et fins paysages de M. Rousseau, inspirés par les environs de Vichy : effets de soleil, gros rochers des Grivats, chemins creux après la pluie ; et féliciter M. Dinaumare de la délicatesse de ses miniatures : portraits de femmes et portrait de M. Henri de Fleurigny, dont le *Figaro* a publié longtemps les fantaisies poétiques et funambulesques.

Gardons-nous d'oublier M. Charles Cottet, né au Puy, dont nous avons signalé le début au Champ-de-Mars, en 1890. Ses dix toiles qui portent le titre général : *Au pays de la mer*, sont plutôt de fortes études pour un ensemble futur. Il y a dans ces peintures de la rudesse et de la réalité puissante, quelque chose de dur, de vulgaire et de voulu qui indique un tempérament et qui vous prend, sans vous charmer. Nous mettrons à part cependant le grand tableau acquis par l'Etat et qui représente, avec une force imprévue et saisissante, un groupe lugubre de quatre vieilles paysannes, portant des cierges allumés, près du cercueil déposé à l'entrée de la sombre église du village.

Nous voilà au Salon des Champs-Elysées, où l'Auvergne a été, cette année, abondamment et brillamment représentée par ses architectes, ses sculpteurs, ses graveurs et ses peintres.

Jeunesse, par Franc Lamy, c'est le poème de la beauté féminine en son printemps, au milieu du printemps de la nature. Rien de plus gracieux que cette jeune fille, nymphe ou déesse, au corps harmonieux chaudement coloré, aux longs cheveux d'un blond ardent, à la figure adorable, et dont les mains s'appuient, en les effleurant à peine, aux branches vertes des noisetiers. Voilà bien la jeunesse vigoureuse et charmante, avec la joie de vivre, dans les feuillages ensoleillés.

Ce n'est pas dans la clarté vive et radieuse, mais dans l'ombre qui lui convient, que M. Louis Retru a placé sa belle femme brune symbolisant la Nuit. Cette grande composition n'en est pas moins remarquable. Le sujet est ingénieusement compris et rendu. La Nuit est assise, dans une pose gracieuse, sur le hibou familier qui l'emporte à tire d'ailes dans les antres profonds, loin du jour qui point au sommet des ravins encore obscurs. La superbe déesse au profil perdu se dessine sur les antres noirs et sur les mousses assombries, et sa longue écharpe de gaze, flottant derrière elle, entraîne dans ses plis, les étoiles du ciel, qui fuient aussi les premiers rayons du soleil. L'ensemble est d'un puissant effet, bien en harmonie avec la grandeur du sujet. Nous aurions vu, avec plaisir, récompenser l'œuvre nouvelle de M. Retru. Mais les regards du jury se détournent quelquefois d'un artiste à son aurore, comme la nuit s'éloigne devant les feux naissants du jour.

Nous avons parlé plus haut de la ballerine de M. Assézat de Bouteyre. *Les Forains*, du même artiste, sont aussi destinés à la décoration d'un monument de la ville du Puy. Nous supposons qu'il s'agit d'un théâtre. L'homme robuste et la danseuse en maillots, sous la lumière crue du soleil, sont bien campés, d'une grande netteté de lignes et d'un effet très juste. Le jeune peintre continue avec audace ses études sur le vif. Son coin de café-concert, aux têtes vulgaires mais vraies, pour n'être qu'un morceau, n'en donne pas moins l'impression de la vie actuelle, comme certaines toiles de Raffaelli.

Arrêtons-nous devant quelques portraits. Ceux de Mlle Jenny Fontaine sont toujours attrayants. Le buste du général Jeanningros, avec tous les détails du costume et des décorations, est une peinture solide et forte. Le portrait de Mme X... doit en partie son originalité à la coiffure, ornée de pointes de dentelle, qui encadre une tête fine et intelligente, et à la gamme des bleus pâles qui donne à l'ensemble une grâce et une douceur infinies.

Ce sont aussi des portraits vraisemblablement que met en relief la composition de Mlle Cécile Chalus : *Un début*. La jeune statuaire, en robe rose, coiffée d'un journal replié, est assise devant la selle de sculpteur et met la dernière main à une maquette qu'elle soumet à l'appréciation de son amie plus âgée. Celle-ci, correctement vêtue de noir, regarde avec attention le projet de son élève : scène vraie de la vie d'artiste bien observée et exprimée. Mlle Favier est aussi une artiste de talent. Elle s'est représentée elle-même, simplement vêtue d'une robe sombre, un crayon à la main. La figure est intelligente, un peu plus mélancolique que nature. C'est en somme un excellent portrait, comme celui de Mme Favier mère, qui est une remarquable lithographie. Mme Cayron-Vasselon expose depuis longtemps. Signalons son portrait d'homme, dont les traits accentués, la barbe noire, révèlent un compatriote du Cantal. Citons la gravure sur bois de M. Dochy, reproduisant les traits d'un autre Cantalien bien connu, M. Tinayre, et un remarquable portrait gravé de M. Charles Dupuy, par M. Georges Bauchart. La figure puissante, énergique et bienveillante en même temps de l'ancien président du Conseil des ministres, est représentée fidèlement.

Encore un portrait, cette jolie et fine miniature par laquelle M. Léo Huillard fait ses débuts au Salon. M. Huillard est de Thiers et, comme son compatriote M. Louis Monneret, vient d'entrer à l'Ecole des Beaux-Arts.

M. Maurice Bompard évoque une scène algérienne. Sur la terrasse de la mosquée de Sidi-Ocha, les Arabes assemblés attendent l'heure de la prière. Dans la lumière encore vive du soleil couchant, leurs costumes blancs éclatent sur la teinte jaune du sol et les trois palmiers qui dressent au-dessus d'eux leurs fûts grêles n'atténuent ni le jour ni la chaleur. Mais l'artiste se livre tout entier à sa nature de coloriste dans une vue admirable d'un canal à Venise, où le pont en dos d'âne, les gondoles, les vieilles maisons pittoresques et toute la friperie bariolée d'un marchand de curiosités forment un ensemble plein de caractère et éclatant de couleur. M. Hippolyte de Vergèses, lui, nous mène au Caire devant la mosquée des derviches hurleurs, rue du Nil. Tout l'Orient actuel n'est-il pas contenu dans ces quelques mots? Près des maisons à l'européenne, des terrasses et des arbres noyés dans la lumière, s'élève la mosquée. Quant aux derviches, ils sont rentrés pour procéder à leurs exercices religieux et si leurs hurlements peuvent troubler la sérénité et le calme des environs, ils sont eux-mêmes pour le moment complètement invisibles. Constatons que M. de Vergèses a beaucoup travaillé pendant son récent voyage en Egypte et a rapporté de nombreuses études qu'il transformera, pour notre plaisir, en excellents tableaux.

M. Petit-Gérard continue avec succès la série de ses peintures militaires. Comme autrefois Protais, M. Petit-Gérard se plaît aux scènes calmes de la vie du soldat. Il nous le montre en avant-garde, comme cette année, mais non aux prises avec l'ennemi. Il tire aussi un excellent parti des costumes, comme dans ses chasseurs à cheval dont les tuniques bleues font le plus charmant effet.

Passons la revue, non des troupes de M. Petit-Gérard, mais de nos paysagistes, en commençant par un maître, Jean Desbrosses. C'est avec une rare puissance de coloris qu'il a exprimé un de ces spectacles de la nature au soleil couchant que les touristes ont pu observer dans notre pays. Quand on arrive vers le haut de la montagne, avant d'atteindre le point culminant, le ciel coupé par l'arête vive et nue offre aux regards un espace immense qui devient extraordinaire de profondeur et de coloration par les splendides couchers de soleil. Cet effet a été admiré par Desbrosses dans les environs de Fontanas, et il l'a merveilleusement reproduit. Entre les arbres superbes au premier plan, au-dessus de terrains verdoyants et rocailleux, le ciel sans limite, avec des enfoncements de lac aérien, zébré de rouge, de vert et de jaune, et comme se reflétant sur lui-même, apparaît dans l'intensité de sa gloire. — Voilà une grande et belle page fixée à jamais par un de nos meilleurs peintres de montagnes, qu'il prenne ses sujets en Savoie ou en Auvergne.

La vue un peu trop panoramique de la ville du Puy et de ses environs, si mouvementée, avec ses teintes bleues et violettes, ses aiguilles surmontées de monuments et de statues, nous revèle une nouvelle manière de M. Noirot, le peintre connu des bords de la Loire. Nous conservons une préférence pour ses précédentes œuvres, mais les dernières ont bien leur valeur et l'Etat a eu raison d'acheter son tableau.

M. Ducaruge s'est aussi inspiré de la Haute-Loire, dans son joli et frais paysage, un ruisseau à Monistrol. Cet heureux mélange de rochers moussus et d'arbres verdoyants, parmi lesquels apparaissent çà et là les eaux claires et vives du ruisseau, charme le regard et fait songer à certains tableaux de Courbet.

Devant les bords de la Cère, dans le Quercy, par M. Georges Serrier, on reconnaît l'élève de M. Gagliardini. Les maisons aux toits roses du petit village s'espacent le long de la rivière aux eaux bleuâtres qui les reflète ; un bateau flotte paisiblement ; de beaux arbres encadrent les maisons et bordent la rivière et tout scintille sous les rayons d'un soleil de midi.

Dans la plaine, de M. Jules Viennet, toute verte, au printemps, des premières pousses des champs cultivés, sans arbres, nue et profonde jusqu'aux coteaux violacés à peine indiqués, sous un ciel gai, ponctué de nuages légers, il ferait bon suivre les méandres de la route jaune qui mène à la maison hospitalière encore inaperçue. C'est une charmante impression de nature.

Le petit tableau de M. Martin Coulaut, né à Cournon, représente, avec justesse, un troupeau de moutons serrés autour du berger et fuyant l'orage, dans une vaste plaine découverte, sous un ciel noir et morne. Il faut aussi mentionner deux jolis pastels de M. Pierre Pelletier, né à Clermont, élève de M. Beauverie, *la Seine à Epinay*, effet d'automne, et *l'Ile Saint-Ouen* en hiver ; et les eaux-fortes toujours intéressantes de M. Reynaud, né à Bourdon : *la Grange au Bois* et *les Chaumes de Piauttes*.

Mlle Doutreleau, dans une gravure sur bois, a reproduit avec talent les *Bœufs du Cantal* de Rosa Bonheur. Quant à M. René Peyrol, qui est de la famille de la grande artiste, il nous mène aussi dans les montagnes du Cantal, dans une prairie semée de rocs, où les bruyères fleurissent à côté des herbages, enserrée par les sommets qui s'étagent et se confondent dans le lointain avec la brume, devant deux jeunes bœufs de Salers, au pelage roux, doré par le soleil, qui luttent cornes à cornes, pour le plaisir, comme Caussade et Latournelle, les gentilshommes du drame de Victor Hugo.

Cette toile est claire, lumineuse, gaie, et nous conduit au cœur du pays natal.

A la section d'architecture, nous avons rencontré un remarquable projet pour groupe scolaire, par M. Emmanuel Brun, de Clermont-Ferrand ; le relevé de la porte de la chapelle Saint-Michel d'Aiguilhe, par M. Pierre Verdier, né au Puy ; et le projet de restauration et d'agrandissement du pavillon Sévigné, à Vichy, par M. Giretto, un élève distingué de Garnier.

Nous finirons par la sculpture.

Le bas-relief en marbre de M. Denys Puech a le fini d'un tableau et la grâce d'une aquarelle. On ne peut mettre plus de délicatesse dans une œuvre sculptée. Dans l'église dont se dessinent les colonnades, la Vierge apparaît à saint Antoine de Padoue agenouillé devant elle et lui présente l'enfant Jésus, tandis que des groupes d'anges volent dans l'air. Le sentiment religieux est exprimé avec tout le charme de l'art italien de la meilleure époque.

M. Coulon avait exposé deux œuvres importantes.

La statue en pierre représentant la Patrie en deuil fait partie du monument érigé à Gannat aux soldats morts pendant la guerre de 1870. Quant à la statue du grand poète Théodore de Banville, dont nous avons déjà parlé après une visite à l'atelier du statuaire, nous en avons regardé, avec émotion, le bronze destiné à la ville de Moulins. Le poète est représenté dans l'intimité de ce cabinet de travail formant bibliothèque où il nous a reçu si souvent. Sa robe de chambre accoutumée, son béret de soie, le petit chien familier, qu'il appelait Zinzolin, tous les détails de la vie intime ont été pieusement indiqués à M. Coulon qui en a tiré le meilleur parti, mais qui, à notre sens, ne conviennent pas à une statue monumentale où nous préférerions voir l'auteur des *Cariatides* dans une pose inspirée, comme dans le superbe portrait de Dehodencq.

M. André Besqueut, né au Puy, s'affirme chaque année par des compositions importantes. Il a très bien représenté, dans une pose grave et naturelle, saint Ignace de Loyola, statue en marbre destinée à l'église de Montmartre.

La figure pour un tombeau de M. Henri Gourgouillon continue la série des œuvres si intéressantes de l'artiste clermontois. Il faut citer un buste en bronze de M. Eucher Girardin, l'auteur du monument patriotique érigé à Roanne ; deux portraits de M. Champeil, le jeune artiste qui est déjà second grand-prix de Rome ; le groupe *Nativité*, de M. Fulconis, qui a habité Clermont, et un gracieux buste de fillette, par M. Antoine Mallet, né à Clermont-Ferrand.

M. Mombur, notre sculpteur distingué, n'avait au Salon qu'un buste en bronze, celui de M. L. Lasteyras. Mais on s'explique cette absence de composition nouvelle en songeant au monument grandiose auquel il a dû donner la dernière main avant son érection sur la place de la Gare, à Vichy.

Les œuvres de Mombur sont trop connues en Auvergne pour que nous y revenions. Nous ne ferons que signaler une belle gravure sur bois de M. Thévenin, qui reproduit le *Baiser filial*, cette œuvre si forte et si pure, qui obtint une médaille de 2ᵉ classe, en 1892. L'interprétation de l'œuvre d'un artiste par les autres arts n'est-elle pas la preuve de la célébrité et le commencement de la gloire ?

Paris, 1ᵉʳ juillet 1895.

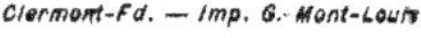

Clermont-Fd. — Imp. G.-Mont-Louis.